Zuckersüße FeiniFakten über Kylo Von Thunfischstampf und tödlichen Gasen

AF236166

Herold zu Moschdehner

Zuckersüße FeiniFakten über Kylo

Von Thunfischstampf und tödlichen Gasen

Bibliografische Information der Deutschen Nationalbibliothek
Die Deutsche Nationalbibliothek verzeichnet diese Publikation in der Deutschen Nationalbibliografie; detaillierte bibliografische Daten sind im Internet über http://dnb.d-nb.de abrufbar.

ISBN 9783754357217

9,99 Euro

Kylo ist nicht nur ein Hund. Er ist eine Institution auf vier Beinen. Seine Vorlieben, Vorstellungen und Facetten konnte dieses Buch gut einfangen. Hier erfährt man die geheimen Kommandos, erhält geheimes Mopswissen und kann sich fast in diesen Hünni hineinversetzen.
Dieses Buch ist nicht nur voller Fakten: Es ist eine Hommage.

Viel Spaß damit.
Herold zu Moschdehner

Kylo ist nicht nur ein schwarzer Mops. Nein, er hat auch den schwarzen Gürtel in Hundekampf. Mit zwei Jahren spielte er schon eine tragende Rolle im VollkontaktZahnReißkampf.

Kylo reagiert auf folgende Befehle:

„Was soll das denn schon wieder?"

„Achtung"

„Pass auf"

„Knick Knack"

„Flankenfalkner"

„Friss!"

Mit 5 Monaten war Kylo ganze 150 Tage alt.

Der Feinhünni träumt oft von wundersamen Welten, in denen viel gesprungen, gejuckelt und geherzt wird. Wenn er im Schlafe zuckt, so ist es ein Freudensprung woanders.

Schon mal einen Mops gehoben? Es gibt eine komische Diskrepanz. Diese Hunderasse hat eine Gewichtung, die nicht mit Volumen, Größe oder Breite zu fassen ist. Er müsste eigentlich leichter sein, aber ist schwerer. Fachleute sprechen von einem gedicktem Herz. Liebe kann hier viel besser verarbeitet werden.

Kylo kann Gase ausstoßen, die Katzen umbringen.

Sein bester Freund heißt Kocho und ist ein Dromedar. Leider haben die beiden wenig Kontakt, da Deutschland und Marokko weit auseinanderliegen.

Er hat 18 Betten bei seinem Frauchen und 28 bei seinem Herrchen.

Kylo dachte als Kind, dass er ein Menschenkind ist.
Manchmal denkt er es noch immer, aber der Fressnapf
sieht nicht wie ein Teller aus und somit kommt er immer
wieder drauf.

Dinge, die er liebt:
Pusteblumen, Spritzpistolen, Bäche, Thunfisch,
Bahnfahrten und Bobitz.

Bei seinem ersten sexuellen Akt ist er eingeschlafen.

Was fast niemand weiß: Er ist Herausgeber der
PandaLiebe 2000.

An seinen kleinen Beinchen hat er eingenähte Taschen. Vorne sind Süßigkeiten und hinten Notfalldinge, wie ein Streichholz, Angelhaken und so weiter.

Bei Tinder ist er mit einem Profilbild von einem Dobermann unterwegs.

Gerne würde er mal Herld zu Moschdehner die Hand lecken. Natürlich nur, wenn dort Thunfisch drauf liegt.

Ihm ist dieses Buch vollkommen egal und er möchte, dass es beim Herrchen auch so ist ;)

Wäre Kylo ein Mensch wäre er Dachdecker geworden.

Am liebsten isst Kylo:

Brezelbrei, Thunfischstampf, KleieKleister, Karpfen,
Hanuta, Wassereis und Rippchen

Am liebsten trinkt er:

Wasser mit einem Schuss Fleischsud

Er hört gerne Musik von Milva, Marianne Rosenberg und Katja Ebstein.

Wenn keiner schaut, liest er gerne Bücher von Herold zu Moschdehner.